引爆孩子学习力

许萍萍／著

张九尘　娄晓玮／绘

苏州新闻出版集团

古吴轩出版社

图书在版编目（CIP）数据

引爆孩子学习力 / 许萍萍著；张九尘，娄晓玮绘.
苏州 ： 古吴轩出版社，2024. 9. -- ISBN 978-7-5546
-2428-9

Ⅰ. G622.46

中国国家版本馆CIP数据核字第2024LH5581号

责任编辑：俞　都
见习编辑：胡　玥
策　　划：刘洁丽
封面设计：扁　舟

书　　名：引爆孩子学习力
著　　者：许萍萍
绘　　者：张九尘　娄晓玮
出版发行：苏州新闻出版集团
　　　　　古吴轩出版社
　　　　　地址：苏州市八达街118号苏州新闻大厦30F
　　　　　电话：0512-65233679　　　邮编：215123
出 版 人：王乐飞
印　　刷：天宇万达印刷有限公司
开　　本：670mm×950mm　　　1/16
印　　张：11
字　　数：46千字
版　　次：2024年9月第1版
印　　次：2024年9月第1次印刷
书　　号：ISBN 978-7-5546-2428-9
定　　价：49.80元

如有印装质量问题，请与印刷厂联系。0318-5695320

小辰

急躁，不会记笔记，学习没有重点。口头禅："这有什么难的？我一学就会！""这有什么好背的？我过目不忘！"

露雅

聪慧乐观，兴趣广泛，学习有方法，笔记记得清晰、有条理。上课、做题专注认真，考试前准备充分，喜欢和小伙伴一起讨论错题、难题，解决困难。

天天

一上课就犯困，学习总是马马虎虎，丢三落四，羞怯内向，畏难，不敢说出和面对学习上的困难。口头禅："嗯嗯，我会了。""哦哦，知道了。""有道理……确实挺简单的。"

陈博士

陈博士很博学，能够提供很多建议给小朋友们。

目录

第三章
上课认真听

第四章
学会记笔记

第五章
记忆有诀窍

第六章
复习有重点

第七章
好思维助力好习惯

附录

学习有方法

天天家

1 如何营造良好的学习环境?

Tips

　　良好的学习环境：安静、整洁、明亮、舒适。

　　不良的学习环境：嘈杂、混乱、昏暗、压抑。

　　良好的学习环境会让我们迅速进入学习状态，提高学习效率。

　　不良的学习环境会让我们分散注意力，提不起学习兴致。

陈博士 三十六计小锦囊

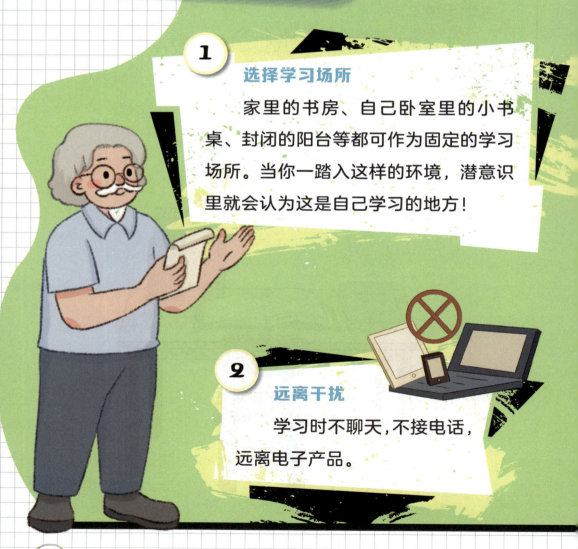

1

选择学习场所

家里的书房、自己卧室里的小书桌、封闭的阳台等都可作为固定的学习场所。当你一踏入这样的环境，潜意识里就会认为这是自己学习的地方！

2

远离干扰

学习时不聊天，不接电话，远离电子产品。

3 **保证舒适度**

桌子、椅子的高度要适合自己；光线要柔和、明亮。尽力保证学习时的舒适度，以缓解疲劳。

4 **整洁的课桌**

把书桌周围或书桌上的杂物都清理干净，准备好自己学习时需要的物品，如书、习题册、笔、尺。

第一章

小辰家

2 怎样才能让学习井井有条?

Tips

什么是井井有条？

井井有条，指的是整齐不乱、条理分明。

在学习的过程中，做事无条理，先后无秩序，就会影响学习效率。

要有计划地学习，做好整体的规划，制定好分阶段的小目标。

而且，科学地安排学习时间也很重要。

陈博士 三十六计小锦囊

想要让学习井井有条，我们可以这么做：

1 制订好计划

规划好每天的学习时间和内容，制订合理的学习计划。

2 建立秩序感

做事有先后，不要把时间白白浪费掉。但同时，也要在长时间连续学习后适当休息。

3

分解任务

　　制订好学习计划后，试着将学习任务进行分解，一步一步有秩序地完成。

4

学会记笔记

　　记笔记有助于对所学的知识进行梳理和归类。

天天家

3 你了解 自己的大脑吗?

Tips

　　我们的大脑能够随时接收信息，主导机体内部的一切活动过程。

　　它还有存储大量模式信息的功能，在需要的时候对信息加以抽取，进行比较，形成概念，并把各种概念联系起来，获得新知识。

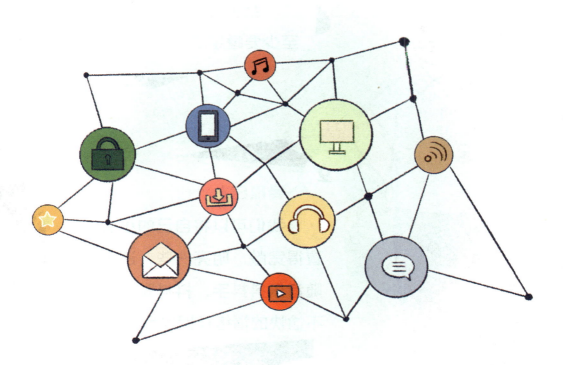

陈博士 三十六计小锦囊

1

充分休息

我们还是学生，每天至少要睡足 8.5 小时。

2

释放压力

我们可以将自己的小房间布置得宽敞、明亮一些，还可以跟随音乐抖抖手、抖抖脚，不要让不愉快的情绪长期堆积。

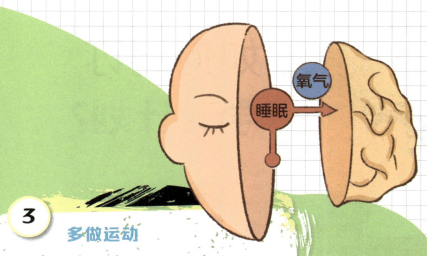

3

多做运动

　　我们可以走到户外，慢跑、散步，做有益于身心的有氧运动。

4

唤醒大脑

　　我们可以通过朗读、玩益智游戏、绘画等方式，提升大脑的活跃度和记忆能力。

教室

4 # 如何制订 学习计划?

Tips

　　制订学习计划，可以让我们明确本学期的学习目标，合理安排学习时间。

　　制订学习计划，可以让我们有秩序地学习，更准确地把握学习节奏。

　　制订学习计划，是一个学生必须养成的良好的学习习惯。

学习计划
- ☐ 1.
- ☐ 2.
- ☐ 3.
- ☐ 4.
- ☐ 5.

陈博士三十六计小锦囊

要制订一份行之有效的计划，我们可以这么做：

1 了解学习状态

要先了解自己目前的学习状态，再确定自己需要制订哪些可行的计划。

2 设置目标

制订计划时，应有小目标和长远规划。比如周计划、月计划、学期计划、学年计划等。

3

坚持执行

　　制订好学习计划后，要克服懒散状态，养成坚持执行的好习惯。

4

定期检查

　　要定期检查计划实行的进度，以便及时调整，让学习更有效率。

教室

5 如何训练高效学习的基本功？

Tips

掌握高效学习的方法，能让我们提高记忆力、理解力、阅读能力、思维逻辑能力，由此我们才能更好、更快地达成学习目标，取得理想的成绩。

陈博士 三十六计小锦囊

想要拥有高效学习基本功，我们可以这么做：

1 科学用脑

把握四个黄金记忆时间点：6 点—7 点、8 点—10 点、18 点—20 点、21 点—22 点。

2 劳逸结合

我们在学习时，要全身心地投入。但学习了 45 分钟后，就得适当休息，让自己放松和解压。

3 **定期检查错题**

定期检查错题，可以让我们在失败中总结经验，吸取教训，避免再犯同样的错误。

4 **梳理和分类**

梳理重点和难点，将知识点清晰化、简单化；对容易掌握的和需要花时间去理解的知识点进行分类。

5 **保持愉快的心情**

每天保持好心情，学习时积极投入，提高效率。

小辰家

6 学习真的那么枯燥吗？

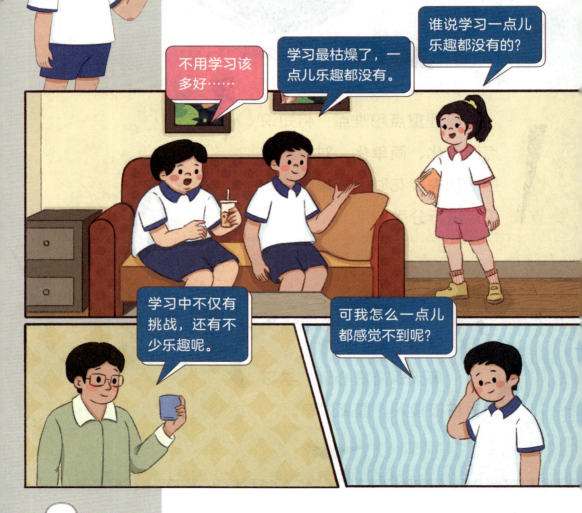

Tips

　　学习不是玩，它是一种有目标、有计划的行为。想要达到每一阶段的学习目标，我们应该付出努力。努力的过程难免枯燥，但我们可以在枯燥、单调中让学习变得有趣起来，让被动学习变为主动学习。

陈博士 三十六计小锦囊

想要让学习变得有乐趣，我们可以这么做：

1 来点小创意

比如，在学习的时候，做小书签、画示意图，让这些小创意来帮助自己记忆和学习。

2 观看纪录片

观看《跟着书本去旅行》《跟着唐诗去旅行》《微小世界》等纪录片，这些纪录片能帮助我们习得各种知识。

激发成就感

　　想一想努力学习之后自己获得的能力，这将激发我们的成就感，帮助我们习得更多知识，快乐成长！

参加学习小组

　　参加学习小组，大家互相出题、做题，互相鼓励、答疑，让学习变得有趣。

5
将学习游戏化

　　把枯燥的学习想象成"打怪升级"的游戏——每次考试成绩的提升就是学习能力的升级。

小辰家

7 怎样在放学后高效地完成作业？

Tips

认为做作业忙、累的主要原因是没有养成良好的做作业的习惯：做作业的时间没安排好，导致做作业时没有时间观念。

陈博士 三十六计小锦囊

想在放学后高效地完成作业，我们可以这么做：

1 **寻找合适的环境**

我们需要一个安静的做作业环境，不被噪声、玩具、零食等无关的东西所影响。

2 **合理安排学习时间**

合理安排做作业时间，比如，先复习 15 分钟，再做 45 分钟作业，随后允许自己休息 15 分钟，补充水分和食物。

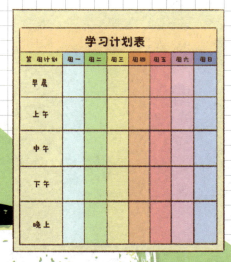

第 周计划	周一	周二	周三	周四	周五	周六	周日
早晨							
上午							
中午							
下午							
晚上							

学习计划表

3 **独立完成作业**

养成独立自主地完成作业的习惯。碰到难题，不会解答时，先放一放，等完成其他作业后再去请教同学或老师。

4 **养成自律意识**

养成"今日事，今日毕"的学习习惯。感受做完作业后的成就感，同时也可享受完成作业后的轻松时光。

第二章

预习
不费力

新知识

天天家

8 现在我该玩了，我可不想预习

总算做完作业了。

还得预习。

我可不想预习，去踢会儿足球吧。

一会儿回来一定要预习，预习很重要。

走，踢足球去啦。

Tips

　　预习是提高自主学习能力的有效途径之一，是学生主动观察、摸索、探究、理解的自学过程，更是学习中的重要一环。

　　经过有效的预习，我们在上课时，就会达到事半功倍的效果。

陈博士 三十六计小锦囊

1 **明确预习目标**

我们要确定好预习目标，有针对性地预习，如了解章节的主要内容、理解关键概念等。

2 **梳理知识点**

把自己在预习中获取的新知识和老师在课堂上传授的知识结合起来，梳理清重点、难点知识。

3 **预习有方法**

　　掌握一些高效的预习方法，比如：浏览教材，熟悉新的知识点；朗读课文，背诵重点课文；做习题，检测预习的效果；等等。

4 **利用资源**

　　除课本之外，我们还可以利用其他资源来辅助预习。比如，可以查阅相关的参考书、观看相关视频等。这些资源可以帮助我们更全面地理解知识。

教室

9 什么时候预习，效果更好呢？

Tips

　　要合理安排预习时间。如果预习时间太长，就容易疲劳，导致效果不佳；如果预习时间和上新课的时间间隔过久，所掌握的新知识也容易被忘记。

　　所以我们要在老师讲新知识的前一天预习，要预留好放学后的预习时间。

陈博士 三十六计小锦囊

想要合理安排好预习时间，我们可以这么做：

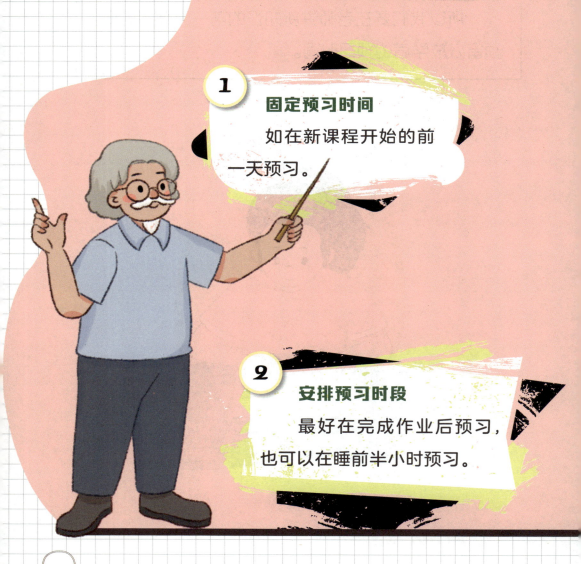

1 固定预习时间

如在新课程开始的前一天预习。

2 安排预习时段

最好在完成作业后预习，也可以在睡前半小时预习。

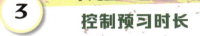

3 **控制预习时长**

　　每次的预习时间控制在 40 分钟左右，不宜过长，但也不能敷衍了事。

4 **灵活安排**

　　预习时间的长短可以根据预习内容的难易度进行调整。容易的知识点，预习时间可以短一些；比较难的知识点，就多花点时间。

教室

10 预习的具体方法有哪些呢？

Tips

　　预习并不是盲目的。除了要全面了解新课程的内容，还要在预习的过程中，提炼出一些问题，归纳新知识点，找出自己知识结构中的薄弱之处。

　　因此，我们要掌握有效的预习方法。

陈博士 三十六计小锦囊

想要掌握有效的预习方法，我们可以这么做：

1 阅读预习

粗读新知识，初步了解预习的内容。再阅读时，可以进一步了解新知识的重点、难点部分。

2 记录疑问

准备一个预习本，把关于新知识的疑惑和问题记录下来（至少记下 4 个问题），在上新课时认真听讲。若还是不明白，可以单独请教老师。

3 复习、预习"手拉手"

在预习的过程中，发现对有些学过的知识点记忆模糊了，就要先复习、后预习，让学习更扎实。

4 回顾要点

预习的最后一个阶段，可以合上课本，回顾一下预习要点。比如：哪些是新知识点，哪些是新问题，哪些是难点……这样可以加深印象，帮助记忆。

小辰家

11 如何梳理新知识?

Tips

　　梳理新知识，是预习过程中的复盘阶段，可以帮助我们加深理解和记忆。

　　为杂乱无章的知识点梳理出一个条理清晰、直观的脉络，让预习过的内容一目了然，有利于在上新课时轻松掌握知识点。

陈博士 三十六计小锦囊

1 分类标注

可以用荧光笔画圈、画线等，对新知识进行分类标注。

2 进行统计

比如统计课文中的生字、新词有几个，分别是哪些。

3 发散思维

对预习中掌握的新知识进行分类、分级、发散。

4 运用图表

用表格的形式梳理所学知识，将表头设置为时间、公式、概念、重点、难点等，在对应的位置中把所学的新内容填写进去。

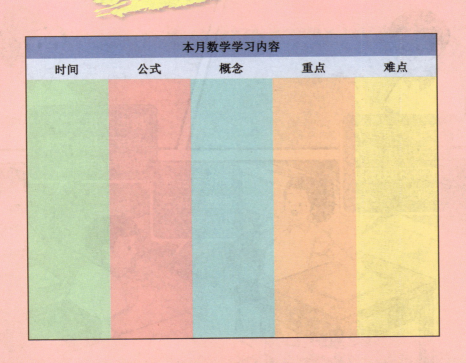

本月数学学习内容				
时间	公式	概念	重点	难点

教室

12 我也想像别人一样**主动预习**

Tips

我们来看看主动预习都有哪些好处。

主动预习是提高学习效率的一个非常重要的途径。预习不仅能帮助我们把握新课的内容，还能让我们在预习的过程中，提高解读、分析、归纳等能力。

主动预习，能让我们更加全面、快速地了解新知识，逐渐形成自己独有的预习方法。

陈博士 三十六计小锦囊

1 激发求知欲

求知欲是我们主动学习的良好开端，引导我们进行自主学习。

2 提升好奇心

全新的课程、全新的内容、全新的知识点，会激发我们的好奇心和探究的热情。

50

3

掌握预习方法

根据前文提供的方法进行预习，保持轻松愉悦的学习状态。

4

坚持下去

规划好预习的时间，养成预习习惯，坚持下去看看效果吧。

📍 教室

13 露雅的 **课堂表现**可真棒!

Tips

　　预习的过程中，我们会在习得新的知识的同时，发现自己的不足。发现了不足，就会去查漏补缺。通过查漏补缺，又复习了旧知识。

　　久而久之，预习的效果会越来越好，我们就能更好地掌握新知识，跟上老师的节奏。

陈博士 三十六计小锦囊

想要让自己跟上课堂节奏，我们可以这么做：

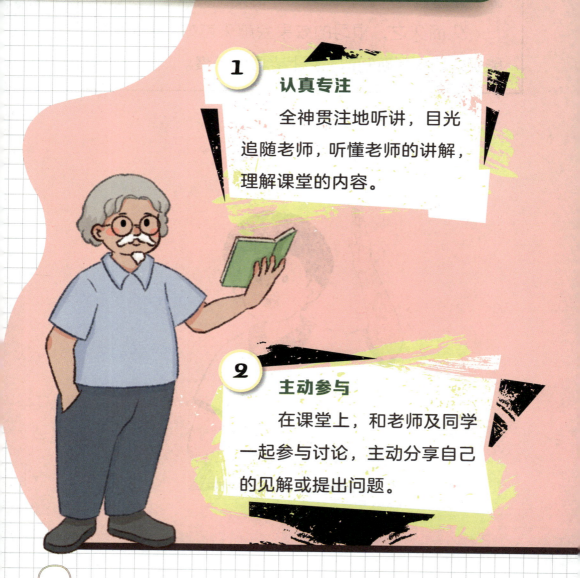

1

认真专注

全神贯注地听讲，目光追随老师，听懂老师的讲解，理解课堂的内容。

2

主动参与

在课堂上，和老师及同学一起参与讨论，主动分享自己的见解或提出问题。

3

合作互助

和同学一起挑战难题，合作互助完成任务。

4

拓宽视野

平时可以看些课外读物，或外出旅行，以拓宽视野，扩大自己的知识面。

上课认真听

天天家

14 上课时总是跟不上老师的节奏，**我该怎么办呢？**

Tips

　　每一个学生的听课状态参差不齐。有的学生即使很认真，上课时还是跟不上老师的节奏。课堂知识掌握得不扎实，导致学生对知识的重点、难点梳理不清，久而久之，就感觉自己学习能力差、题目不会做、听讲很吃力，自信心也受到了打击。

陈博士 三十六计小锦囊

1 重视课前预习

通过预习，你可以提前了解课程内容、知识结构和难点，这样在课堂上就能更快地理解和吸收新知识，避免因听不懂而困惑和走神。

2 重视课后复习

课后及时将老师课堂上讲过的知识复习一遍以上，这样会加深对所学知识的印象，也可以检验自己对所学知识的掌握程度。

3 **提出疑问**

在老师讲解时，如果有不清楚的地方，可以举手提问，或课后问老师，直到理解为止。

4 **专注听课**

上课时，不做小动作，不吃零食，坐姿端正，眼随板书，耳听讲解，认真做笔记。

5 **放松心情**

状态认真，但不是紧张、紧绷，想要跟上节奏，张弛有度的状态也很重要。

小辰家

15 遇到不懂的问题该怎么做?

我比你好不了多少。

我的错题本上的错题越来越多了。

真羡慕露雅,基本上没什么问题是她不能解答的。

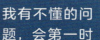

我有不懂的问题,会第一时间去弄明白。

那听听露雅是怎么做的?

　　在求知的过程中，我们难免会遇到一些不懂的问题。遇到问题，回避是不可取的，这样会让我们不懂的问题越来越多，解决起来也越来越有难度。

陈博士 三十六计小锦囊

遇到不懂的问题时，我们可以这么做：

1 养成习惯

要意识到，问题不及时解决，就会越积越多，必须养成不懂就要努力寻找答案的学习习惯。

2 自己解惑

有不懂的问题，还可通过查资料解决，锻炼自己解决问题的能力。

3 不懂就问

有时候，遇到自己不能解决的问题，可以请教同学、老师或家长。

教室

16 听课时，情绪受干扰了怎么办？

Tips

不管在什么时候、什么地方，我们都有可能遇到一些问题，被坏情绪干扰，比如，和小伙伴发生了争吵，被老师批评，或者自己做错了一件事情。这些事件的发生，会让我们变得烦躁不安，从而影响听课效率。

因此，我们要学会调整自己的情绪。

陈博士 三十六计小锦囊

1 学会原谅

课间和同学产生了冲突，如果是对方无意的过错，可以试着去原谅。学会原谅，能帮自己赶跑坏情绪。

2 激发斗志

在日记本上记录一些名人名言或者励志的箴言，产生不想学习的小情绪时，看一看这些句子，激发自己学习的斗志。

3

摆脱自责

做错事情或被老师批评，这很正常。不要一直埋怨自己，也不用在意其他同学会怎么想。与其在这些问题上纠结，不如改正错误，尽快调整好状态，提升自己。

4

转移注意力

听课的时候，尽量把注意力集中到老师的板书或者老师讲课的内容上，慢慢淡化正在影响自己的不良情绪。

教室

17 自己会的
就不用听讲了吗？

在课堂上，不做与学习无关的事。认真听讲是获取知识、提高能力、掌握技巧的基本途径。

老师会在课堂上抓重点、讲难点，知识点的讲解是由浅入深的。在这个过程中，我们会习得知识，掌握做题思路，让学习成果更加丰硕。

陈博士 三十六计小锦囊

即使会了，我们仍然要认真听讲，这么做总不会错：

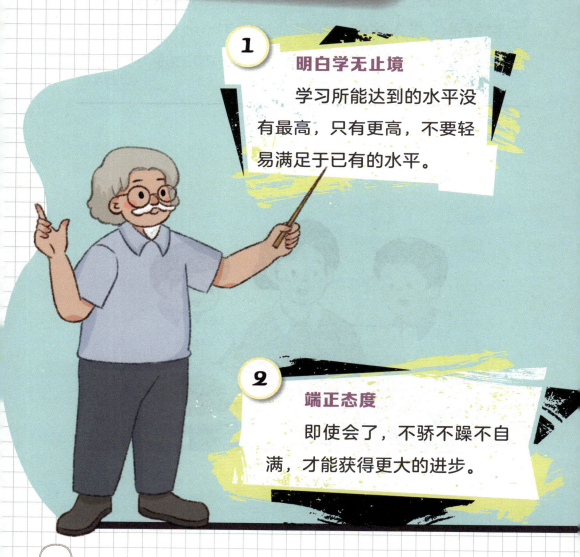

1

明白学无止境

学习所能达到的水平没有最高，只有更高，不要轻易满足于已有的水平。

2

端正态度

即使会了，不骄不躁不自满，才能获得更大的进步。

3 进行课外阅读

有不少课外读物是课本知识的延伸。多读好的课外书，能帮我们巩固和加强对课堂知识的理解。

4 明确目标

我们学习的目的是牢固掌握所学知识，并能进行更深入的思考。

教室

18 偏科了怎么办？

当我们只重视某一门学科，而忽视了其他学科，不能平等地对待每一门功课，顾此失彼时，就会产生偏科现象。

我们每天学习的知识点更新速度很快，要均衡分配自己的学习时间和精力，尽快将落下的课程追上来。

陈博士 三十六计小锦囊

出现偏科现象时，我们可以这么做：

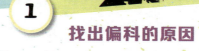

1

找出偏科的原因

偏科的原因有很多，如对这门课兴趣不大，或者学习这门课时感受到有压力，等等。

2

激发对弱项学科的兴趣

可以通过参与和课程相关的游戏或小组活动找到乐趣，激发兴趣。

3 **增强信心**

了解学好这门学科的意义，产生"我能学好这门学科"的信心。

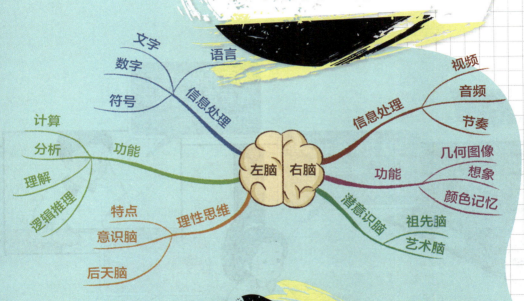

左脑 右脑

左脑：
- 信息处理：语言（文字、数字、符号）
- 功能：计算、分析、理解、逻辑推理
- 特点：理性思维、意识脑、后天脑

右脑：
- 信息处理：视频、音频、节奏
- 功能：几何图像、想象、颜色记忆
- 潜意识脑：祖先脑、艺术脑

4 **改变心态**

出现偏科现象后，不要逃避，而是要正视自己的不足，相信自己能纠正偏科现象。

教室

19 我好像没听懂

Tips

　　上课时的状态很重要，如果带着压力去学习，就会让自己觉得听讲是一种负担，继而产生紧张情绪。我们听课时要放松身心。只有积极、主动地投入其中，才会让自己上课时的思路更清晰。

陈博士 三十六计小锦囊

要想听懂一节课，我们可以这么做：

1 做好课前准备

课本、文具等准备好，保持身心愉悦，提前预习。

2 主动听讲

不要只是被动地听讲，要积极参与课堂互动。可以主动提问或与同学进行讨论。这样不仅能加深你对知识的理解和记忆，还能让老师了解你的学习状态，从而调整教学节奏。

3 集中注意力

在课堂上保持高度的注意力，全神贯注地听老师的讲解。不要被无关的事物、声音等干扰，保持注意力集中。

4 积极思考

在听课过程中，要积极思考老师提出的问题和讲解的知识点。尝试用自己的方式去理解这些知识，这有助于你更深入地掌握它们。

学会 记笔记

小辰家

20 随便用一张纸就能记笔记吗?

Tips

　　记笔记是听课时记录老师所讲的重点、难点的常见方法，几乎会贯穿我们的整个学习生涯。不同科目都应对应一本笔记本，可以帮助我们抓住重点、理清思路，是我们复习时、考试前必不可少的参考资料。

陈博士三十六计小锦囊

1 整理和巩固知识

课堂上，老师会讲解大量的知识点，通过记笔记，我们可以对这些知识点进行分类、整理，形成自己的知识体系。同时，记笔记的过程也是巩固知识的过程，有助于我们更好地理解和记忆。

2 提高学习效率

记笔记可以帮助我们集中注意力，减少分心。当我们认真听讲并记笔记时，会更加专注于老师的讲解，从而提高学习效率。

3 **增强记忆力**

通过记笔记，我们可以加深对知识点的理解，强化记忆效果。复习的时候，可以通过查看笔记来回忆课堂上的内容，从而更好地掌握知识点。

4 **促进思考**

记笔记时，我们可以思考老师讲解的每一个知识点，并尝试将它们与其他知识点进行联系和对比，帮助我们更好地理解和掌握知识点。

教室

21 该如何记录课堂里的重点？

Tips

上课时，要快速、有效地记录重点知识，我们需要运用一些实用、便捷、适合自己的记笔记方法，比如康奈尔笔记法、麦肯锡笔记法、思维导图笔记法等。

康奈尔笔记法

2 关键字词	1 对应内容
3 总结栏	

麦肯锡笔记法

1 标题 5 结论		
2 现象	3 解释	4 行动

陈博士 三十六计小锦囊

我们可以运用以下三种方法，记录课堂上的重点知识：

1

运用思维导图笔记法

思维导图是一种非常有效的工具，它可以帮助你以图形化的方式展示知识点之间的关系和层级结构。

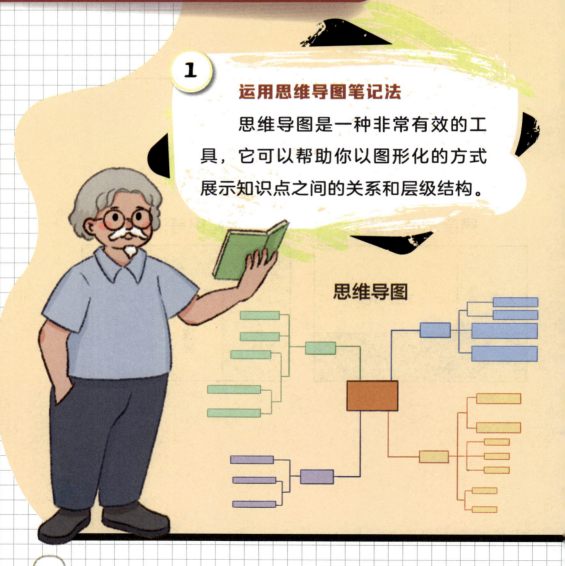

思维导图

2

运用康奈尔笔记法

把页面分成三部分，顶部占三分之二，分左窄右宽两列。左列记录关键字词，右列记录与关键字词相对应的内容。底部占三分之一空间，用于课后补充或总结。

3

运用麦肯锡笔记法

运用"空、雨、伞"的框架来执行——当我们抬头看天空时，发觉马上就要下雨了，于是做出"我要带把伞出门"的行动。做笔记时，"空"这一栏记述当下的事实状况，"雨"记录我们对事实状况做出的分析和判断的结论，"伞"记录的是我们应该采取的行动。

天天家

22 # 小辰、天天的
笔记本大变样！

Tips

　　无论是学习新知识还是复习旧知识，笔记本都是一种简单、方便的学习工具。我们要养成记笔记、整理笔记的习惯，从周笔记到每节课的笔记，用有效的方法进行记录，并持之以恒。

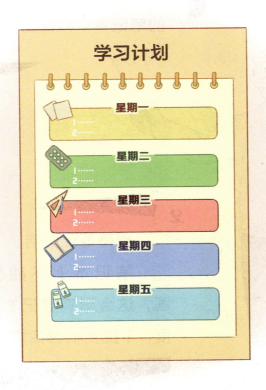

陈博士 三十六计小锦囊

要记好笔记，我们可以这么做：

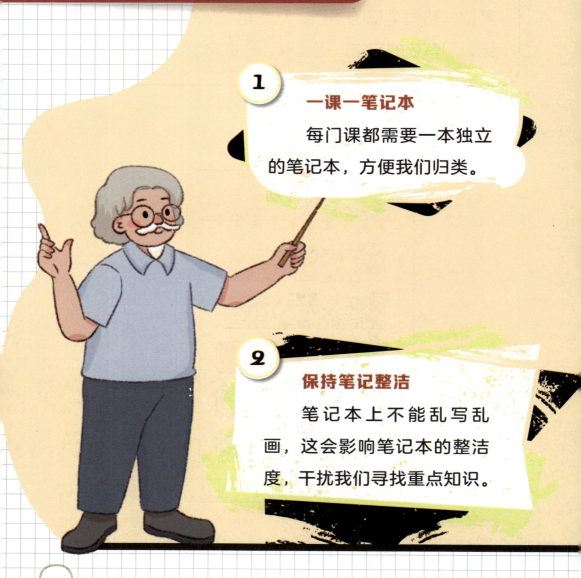

1

一课一笔记本

每门课都需要一本独立的笔记本，方便我们归类。

2

保持笔记整洁

笔记本上不能乱写乱画，这会影响笔记本的整洁度，干扰我们寻找重点知识。

3 布局合理

笔记内容的行距和字距不要太紧密，会导致串行，影响我们阅读。

4 条理清晰

除了使用记录重点知识的三个方法，我们还可以使用序号或编号，根据老师的讲课顺序对笔记进行整理，让笔记显得更有条理。

教室

23 课堂笔记、卷面整洁度大"PK"！

Tips

　　记课堂笔记方便我们查找已学过的知识点。这些记录在本子上的文字或公式，不会随着时间的流逝而变得模糊。笔记记得清楚、完整，对我们提取知识的重点、难点有很大的帮助，更是我们复习、巩固知识的得力助手。

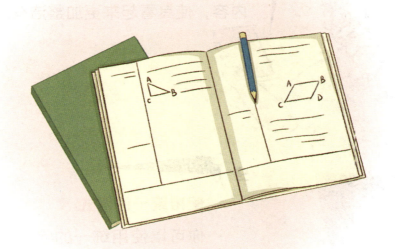

陈博士三十六计小锦囊

保持课堂笔记的整洁，我们可以这么做：

1

规划好笔记布局

在开始记笔记之前，先规划好笔记的布局。你可以将笔记本分为几个区域，比如标题区、内容区、总结区等。这样有助于你更好地组织笔记内容，使其看起来更加整洁有序。

2

使用统一的格式

你可以使用统一的字体、字号和颜色来记录笔记内容。

3 精简内容

记笔记时，要避免啰嗦。你可以记录重要短句和关键词，或使用缩写或简写来记录复杂的内容，这样不仅可以节省空间，还可以使笔记更加清晰易懂。

4 使用符号

利用箭头、方框、圆圈、数字等符号来标注重点、关系或结构，使笔记更加直观易懂。

记忆 有诀窍

小辰家

24 熟能生巧
是真的吗？

真的可以熟能生巧吗？

当然可以啊！

我刚看到了一个成语，叫熟能生巧。

Tips

　　熟能生巧这个成语告诉我们的是：如果我们重复练习做一件事情，就能找到窍门，从而精进我们的技艺，做起事来得心应手、毫不费力。在学习的过程中，我们要不断训练和提升自己的技能。

陈博士 三十六计小锦囊

1 不机械地训练

反复练习并不是指机械地循环往复，而是要在多次练习的过程中，多角度、多层次、多样化地去观察、探索和认知。

2 从生疏到熟练

多看多听，勤学勤记，动脑动手，养成习惯，让知识从生疏到熟悉。

3 重复练习

多做题，多思考，练习解题的技巧，强化训练，以加深对所学知识的理解。

4 创新优化

在熟练后，再寻找更优化的解题思路和学习方法，练一次有一次的见解，练一次有一次的反思，学习灵活有创新，达到真正意义上的熟能生巧。

教室

25 怎样才能找到自己的**最佳记忆时间**？

Tips

　　我们每个人都有自己的最佳记忆时间。如果没有找准时间，而在精神状态不佳、情绪不稳定的时候进行记忆，效果就会大打折扣。最佳记忆时间，也就是精神状态最好的时间。

　　一般来说，早晨 7:00—8:00、晚上 8:00—9:00是一个人记忆力最佳的时间。

陈博士三十六计小锦囊

想要找到最佳记忆时间，我们可以这么做：

1 观察日常记忆表现

留意自己在一天中不同时间段内的记忆力差别。比如，你可能发现在某个时间段内背诵单词或复习知识点特别高效，而在其他时间段则相对困难。

2 多时间段记忆测试

设定不同的时间段进行记忆测试，比如早晨、上午、下午和晚上。在每个时间段内尝试记忆相同或相似的内容，并观察哪个时间段的记忆力最好。

3 生物钟

每个人的生物钟不同，这也会影响记忆效果。如果你习惯早起，那么早晨可能是你记忆的最佳时间；如果你晚上更清醒，那晚上进行记忆可能更适合你。

4 保持规律作息

规律的作息有助于稳定生物钟，从而提高记忆效果。尽量保证每天相同的睡眠时间和起床时间，这样有助于你找到并维持记忆的最佳时间。

小辰家

26 好记性
不如烂笔头?

Tips

　　随着年龄的增长，我们接收的信息越来越多、越来越杂，遗漏和混淆的现象偶尔也会发生。我们要知道，大脑虽然很强大，但也有局限性，会忘记一些事情是正常的。但我们用笔将信息记录下来，就可以弥补大脑记忆的不足。通过记录，我们可以更好地保存信息。

陈博士 三十六计小锦囊

1

明确笔记目的

在开始记笔记之前，先明确你的笔记目的。是为了复习备考、整理思路、还是为了日后的查阅和参考？不同的目的会影响你的笔记内容和方式。

2 分类整理

对笔记内容进行分类整理，有助于你更好地理解和记忆。你可以按照学科、章节、主题等方式进行分类，并使用标题、序号、符号等来区分不同的内容。

3 **培养个人风格**

　　每个人的学习方式和记忆习惯都不同，所以你可以根据自己的需求来调整记笔记的方式，找到最适合且喜欢的风格，并坚持下去。

4 **定期回顾**

　　定期回顾你的笔记，可以帮助你巩固记忆、查漏补缺。你可以每周或每月安排一次回顾的时间，对之前学过的内容进行复习和整理。

27 做个记忆力超棒的酷男孩！

Tips

　　记忆力水平的高低会影响到我们对知识的理解、掌握以及学习成绩的好坏。

　　而记忆方法是多种多样的，我们要了解大脑各个分区的功能，并找到适合自己的记忆方法，反复练习，提高记忆技巧。

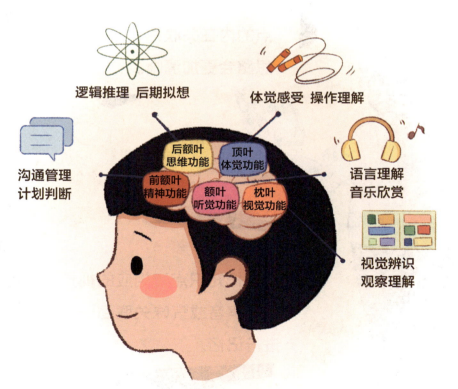

逻辑推理　后期拟想

体觉感受　操作理解

沟通管理
计划判断

后额叶
思维功能

顶叶
体觉功能

前额叶
精神功能

额叶
听觉功能

枕叶
视觉功能

语言理解
音乐欣赏

视觉辨识
观察理解

陈博士 三十六计小锦囊

1 运用关联法

记忆时，找出不同知识点的内在关联性，这样记忆，思路会更加清晰。

2 运用联想记忆法

把知识点和相应的视觉图像、声音或气味关联到一起，进行记忆。

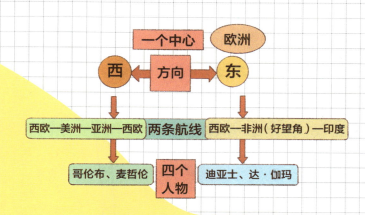

3　缩编法

当要记忆的内容实在太多时，我们可以运用缩编法来记忆，如将一整段文字提炼成一两个关键词。

4　先理解，后记忆

充分理解是最有效也是最不易忘记的记忆方法。一旦我们理解了知识的内涵，就能轻松地记住知识了。

复习有重点

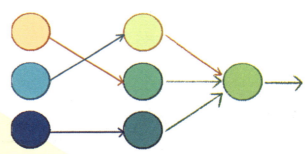

小辰家

28 要从哪儿开始复习呢?

Tips

　　一节课要掌握的内容很多，但我们在复习的时候要有的放矢。也就是说，课后复习时，我们要对学过的知识进行归纳、总结，提炼重点，着重复习，而不是方方面面都顾及。

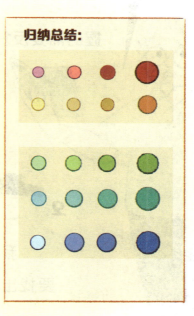

陈博士 三十六计小锦囊

高效复习，我们可以这么做：

1

不盲目复习

通读一遍课文或浏览所学的章节，再把课堂上标注的重要内容和记录的笔记温习一遍。已掌握的浏览一遍，还未掌握的需要反复整理、学习，直至彻底掌握。

2

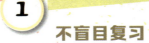

——攻破重点

我们在复习过程中，还要找出所学章节的重点知识，一一攻破。

3 对照标注，回顾课程内容

　　用醒目的笔标注好笔记本上记录的重点，在脑海中把它们与老师讲过的内容进行对照，以加深印象。

学习力

学习力 是一个综合性的概念，它通常指的是个体在学习过程中所展现出的各种能力和素质的总和。

小辰家

29 聪明的人不用复习也能考第一吗?

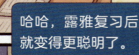

露雅那么聪明,不复习也能考出好成绩。

是呀,我们就得天天复习了。

复习不是简单地复盘,会让你们获得新的思路和方法。

哈哈,露雅复习后就变得更聪明了。

阿姨说得没错,在复习的时候会有新的思路。

Tips

　　课后复习，并不仅仅是为了重新记忆一遍课堂知识，更重要的是让我们提升原有的学习技巧。而学习力强的同学会在复习的过程中悟出更多的方法和思路，建立起更丰富的知识体系。

陈博士 三十六计小锦囊

1 查漏补缺

在复习时，要对学过的知识进行归纳总结、查漏补缺，并学会在各类题型中找到关联，掌握新的解题方法。

2 思路要灵活

在复习时，试着从不同角度去分析问题，思路要灵活，尝试一题多解，提高自己的解题技巧。

错题本

不怕错题
提炼知识点 · 快速提分

3 整理错题

　　无论是做习题还是考试，每个人都有可能做错题。我们要把错题集合起来，整理成册，以便在复习时翻看。在这个过程中，能不断弥补学习中的不足。

教室

30 预习和复习一样重要吗？

Tips

　　复习和预习都是我们学习过程中的辅助环节，无论是复习还是预习，都是提高我们学习效率的有效途径。

　　复习能让我们增强对知识的理解和记忆，有不一样的收获。在复习的过程中，我们对知识进行整理、分类、归纳，提升了学习能力。

陈博士 三十六计小锦囊

让预习和复习有效结合，我们可以这么做：

1 明确概念

预习是学习前的准备，复习是学习后的反刍，在学习过程中缺一不可。

2 及时复习

复习时，再次熟记生词，细读概念，掌握公式，回忆老师的课堂讲解。

3 有效链接

把预习安排在当天作业和复习任务完成之后。预习新课之前最好快速回顾一下前一阶段的知识，让新旧知识有效链接。

4 巩固学习效果

对预习过程中发现的难以理解的知识点，在复习时可特别留意，寻找掌握知识的突破口，巩固对知识的理解和应用。

第六章

小辰家

31 怎样才能将学到的知识梳理、归类？

Tips

　　对知识进行梳理和归类，就是把零散的知识按照某种标准、规则进行系统化、条理化的整理、分类和归纳。

　　将学到的知识梳理、归类，有利于我们在后续的学习中运用知识。知识归类可以帮助我们发现不同知识点之间的联系。

陈博士三十六计小锦囊

要想将知识梳理、归类，我们可以这么做：

1 **明确梳理目标**

进行知识梳理和归类时，我们先要明确梳理的目标，了解知识的类型。

2 **确定归类标准**

确定一条或多条归类标准，以此对知识点进行分组。归类标准可以根据学科、章节、主题、难易程度或应用场景等来确定。

3 形成见解和观点

在梳理和归类知识的过程中，找到知识之间的规律和关联，形成自己的见解和观点。

4 善用工具

尝试用图形工具进行知识的梳理和归类，比如用思维导图、树形图表等。

教室

32 满意的答卷！

Tips

　　一份满意的答卷，和自己平时的知识积累分不开。同时，有效的复习和记忆也很重要。但无论参加什么类型的考试，都需要良好的心理状态来支撑，并要掌握一定的答题技巧。

陈博士 三十六计小锦囊

1 **"先熟后生"**

考试时，熟悉的题目先做，比较眼生的题目后做。

2 **先易后难**

考题有难易。我们在做题时，要先做难度小的题目，再做难度大的题目。

3 认真审题

在做难题的时候，要认真审题，将会答的部分工整地书写在试卷上。

4 认真检查

试卷做完后，要从前往后认真、仔细地检查，避免草率和粗心导致的丢分。

好思维助力 好习惯

第七章

露雅家

33 化繁为简、
抓住重点

Tips

　　"化繁为简、抓住重点"这一说法非常精辟地概括了在学习和整理知识时应该遵循的原则。

　　在面对复杂的知识体系时，我们需要具备将之简化为易于理解的形式的能力，以便更好地吸收和掌握知识。

　　同时，我们还需要学会抓住学习材料中的关键点，以便在有限的时间内获得最大的学习效益。

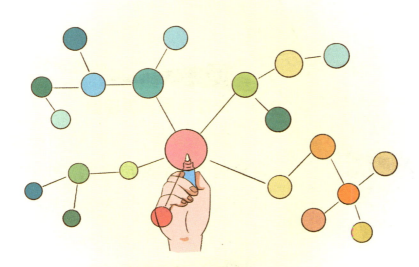

陈博士 三十六计小锦囊

学习上要做到化繁为简、抓住重点，我们可以这么做：

1

提炼核心信息

在阅读或听讲时，注意提炼出每段话或每个章节的核心信息。通过提炼核心信息，你可以将复杂的内容简化为几个关键点，便于记忆和理解。

2

关注标题和副标题

在课本里，标题和副标题通常是对内容的高度概括，我们可以从中快速了解所学内容的结构和重点，从而更有针对性地进行学习。

3 **学会总结**

在学完一个单元的知识后，我们可以运用思维导图笔记法，对一周甚至一个月的知识点进行梳理和总结。

4 **发散思维**

可以请家长帮助，在网上查询到与知识点相关的拓展信息，使学习变得有趣、易理解，从而让学习变得轻松、高效。

教室

34 提炼重点、深入浅出

Tips

我们不管学习什么课程，都不是为了有个漂亮的成绩。我们学习知识，是为了能够更好地生活。

知识使我们的大脑灵活，使我们拥有独立的思考能力、良好的判断力和解决问题的能力。所以，我们在课堂上要认真听课，深入理解，提炼重点，不断提升学习技巧，将所学熟练运用到生活的方方面面中。

陈博士三十六计小锦囊

想在学习时做到深入浅出，我们需要这么做：

1

学习有恒心

我们在学习的过程中，不能有过多的懈怠情绪，要养成学习有恒心的好习惯。

2 专注、深入

在掌握知识时，我们要认真、专注，逐字逐句掌握知识，并反复思考，做到深入学习，打牢基础知识。一知半解只会使知识浮于表面，并容易被忘记。

3 **逐层深入**

　　学习时不要急于求成，而是要逐层深入。先从简单的概念和例子入手，逐渐理解其背后的原理和逻辑，再逐步深入到更复杂的内容。

4 **批判性思维**

　　在学习过程中，保持批判性思维，学会质疑、分析和评估所学内容，这有助于你更深入地理解其本质和内涵。

5 **简化并实践**

　　把所学的知识简单化、程序化，再与生活实践相结合，学以致用，做到浅出。

小辰家

35 不求完美、准备充分

Tips

　　俗话说："不打无准备之仗。"在战场上，如果没有做好作战准备，就很容易被对方打败。只有准备充分，才能降低失败的风险。

　　学习也是如此。作为学生，我们可以不求完美，但一定要做好充分的学习准备。

陈博士 三十六计小锦囊

想在开学前做好充分的准备，我们可以这么做：

1

做好心理建设

假期过后，我们要投入到新一轮的学习中去，要做好心理建设，调整好生活、学习的节奏，端正学习态度。

2

做好课业准备

对所做的作业进行查漏补缺，及时更正；对要学习的章节进行预习，让自己在新学期充满信心。

3 做好提升能力的准备

新学期、新规划、新目标，做好时间管理、生活管理，为提升自己各方面的能力做准备。

4 养成好习惯的准备

良好的思维习惯、行为习惯、生活习惯和学习习惯的养成都非常重要。

小辰家

36 储备知识、提升理解力

Tips

　　理解力指的是对某个事物或者某件事情的认识、认知的能力。我们有时候在做题时，会答非所问，这就是理解力欠缺的体现。

　　而词汇量、概念等的储备是发展理解能力的基础。我们掌握的知识越多，理解力也会发展得更好。

　　在学习的过程中，储备知识和提升理解力是相辅相成的。

陈博士 三十六计小锦囊

想要储备知识和提升理解力，我们可以这么做：

1 **阅读课外书**

课外读物涉及的知识领域很丰富，能拓宽我们的知识面，增加我们的知识储备。

2 **集中注意力**

阅读时，认真、专注，不跳读，也不遗漏内容。

3 **带着问题思考**

"是什么？""从哪儿来？""有哪些相关知识？""有哪些同结构知识？"阅读时带着问题思考。

4 **提高总结、归纳的能力**

运用思维导图，对抽象知识进行梳理。如按时间顺序、前后逻辑、空间顺序等进行梳理。

5 **提高创新思维能力**

不断探索新的解题路径，我们的思维才能变得活跃，理解力才能不断提升。

6 **积累实践经验**

要将知识与实践相结合。我们如果能从会用眼看发展到会动手做，就能对知识深刻记忆、深入理解。

数独

四宫格标准数独

规则

在空格内填入数字 1—4，使得每行、每列和每宫内的数字都不重复。

3			4
		3	
	2		
1			2

训练时长 _____

2			4
	1		
3			1
		4	

训练时长 _____

	1		
		4	
1			2
	3		

训练时长 _____

			4
2		3	
	3		
		1	

训练时长 _____

1			
		2	
	4		
		4	

训练时长 _____

			2
2		1	
	3		

训练时长 _____

六宫格标准数独

规则

在空格内填入数字 1—6，使得每行、每列和每宫内的数字都不重复。

2		6		3	
	5		1		2
3		2		1	
	4		3		6
5		1		4	
	3		2		1

训练时长 _____

1		6		2	
	3		1		6
	2		3		1
6		3		4	
3		5		1	
	4		6		5

训练时长 _____

1		2		4	
		5	3		1
	5		4		3
4		3	1		
3		6		1	
5				3	6

训练时长 _____

3	6			5	2
1			3		
			4		3
	3		5	2	
5	2	1	6		4
	4			1	5

训练时长 _____

九宫格标准数独

规则

在空格内填入数字 1—9，使得每行、每列和每宫内的数字都不重复。

1	2	3	4	7			8	9
			6	8				2
6			9		2	3		
2	8	1				9		7
				5				
		4				1	6	8
8		7	5		9			6
9					4			
	6	5	7	2	1	8		3

训练时长 _____

168

4	5	2	9	6		7		1
6				1	5		3	
8		1				9		6
	8		6		9			7
	9						6	
1	2		5		4		9	8
		5				8		
	4		1	5				
3	6			9	2	1	7	5

训练时长 _____